T0011132

VISTA™

Identificar
el propósito del autor

Frases claves para **identificar el propósito del autor**:

El autor escribió este libro porque
quería _____.
Lo sé porque _____.

informar	El lector aprende algo nuevo.
convencer	El autor quiere que el lector opine igual que él.
entretener	El lector se divierte.

Un autor escribe porque tiene algo que decir.
Tiene un **propósito**. El propósito puede
ser **informar, convencer** o **entretener**.

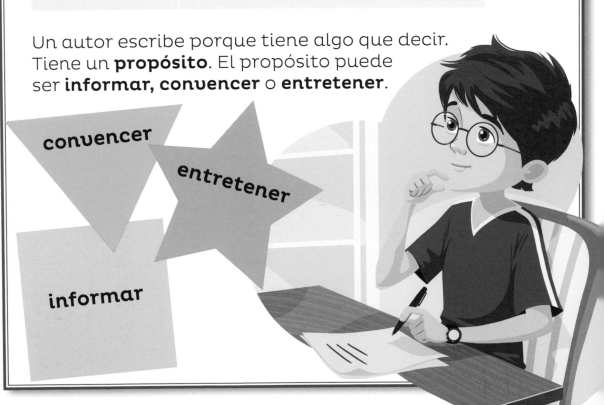

convencer

entretener

informar

¿Estás seguro en tu bicicleta?

VISTA™

¿Quieres divertirte?

Es hora de montar en tu **bicicleta**, o bici. Quieres pasarla bien. Pero también quieres hacerlo de manera segura.

¿Cuáles son algunas maneras de andar seguro en una bicicleta?

bicicleta

¿Sabes qué hacer para estar seguro en tu bicicleta?

Hay cosas que puedes hacer para montar en bicicleta de manera segura. Primero, pídele a un **adulto** que te acompañe.

Después, aprende sobre la seguridad en las bicicletas. Aquí aprenderás algunas medidas de seguridad para montar en tu bici.

adulto

¿Tienes una bicicleta segura?

Necesitas una bicicleta que sea segura.
Una bicicleta segura tiene dos ruedas del
mismo tamaño. También tiene un **freno**,
lo que te ayuda a detener la bicicleta.

freno

ruedas

¿Funciona bien tu bici?

Debes revisar tu bici siempre antes de montar. Revisa las ruedas y confirma que los **neumáticos** tengan aire. Prueba los frenos. Pídele a un adulto que te ayude.

neumáticos

¿Tienes un casco?

Debes ponerte siempre el **casco** para protegerte la cabeza al montar. Usa un casco que te quede bien, ni grande ni pequeño.

casco

¿Tiene luces tu bicicleta? ¿Usas ropa de colores brillantes cuando montas?

Ponle luces a tu bici. Las luces ayudan a que la gente te vea. Ponte ropa de colores brillantes. Esa ropa sirve para que la gente te vea. ¡El amarillo y el anaranjado son colores de seguridad!

¿Tiene un timbre tu bicicleta?

La bicicleta debe tener un **timbre**. El timbre sirve para que la gente te oiga. Toca el timbre cuando montes. Así, la gente se puede detener o quitar del camino para que pases de manera segura.

timbre

¿Montas por una senda para bicicletas?

Trata de montar por una **senda para bicicletas**. Las sendas para bicicletas son lugares seguros para montar. Los autos no pueden ir por esas sendas.

senda para bicicletas

¿Puedes ver y oír los autos y a las personas?

Cuando montas en bicicleta, tus ojos y oídos te ayudan a mantenerte seguro. Presta atención a los autos, a la gente y a otras bicicletas.

¿Cómo está el tiempo?

Trata de no montar en bici si está lloviendo, ya que podrías caerte. Es difícil ver cuando la lluvia te cae en los ojos. El viento te podría empujar.

¿Conoces las reglas?

Hay reglas para montar en bicicleta de manera segura. Necesitas conocer esas reglas. Mira las señales de la calle y de las sendas para bicicletas.

¿Ves el semáforo?

El **semáforo** te ayuda a mantenerte seguro al montar en bicicleta. El semáforo también ayuda a las personas que van caminando. Detente si ves la luz roja. Sigue cuando la luz esté verde.

semáforo

¡Cuídate!

Ya tu bici es segura. Tienes un casco. Tienes un timbre. Te pusiste ropa de colores brillantes. Ya conoces las medidas de seguridad. Puedes montar de manera segura.

¡A divertirse!

Es hora de montar en tu bicicleta. Sigue las medidas de seguridad al montar. Ve por la senda para bicicletas. Presta atención a los autos. Solo hay una regla más: ¡diviértete mucho montando en tu bicicleta!

adulto

neumático

bicicleta

semáforo

casco

senda para bicicletas

freno

timbre

Every effort has been made to trace the copyright holders of the works published herein. If proper copyright acknowledgment has not been made, please contact the publisher and we will correct the information in future printings.

Photography and Art Credits

All images © by Vista Higher Learning unless otherwise noted.

Cover: (background) Aarrows/Shutterstock; (t) Ra3rn_/Deposit Photos; (b) Sergey Novikov/Shutterstock.

4: (l) Design Pics/Alamy; (r) Tetra Images/Getty Images; **5:** Hill Street Studios/Getty Images; **6:** Gilang Prihardono/Shutterstock; **7:** Tim Robbins/Getty Images; **8:** AsonDoiy/Getty Images; **9:** (t) Serov Aleksei/Shutterstock; (m) Lyakhova Evgeniya/Shutterstrock; (bl) RyanJLane/Getty Images; (br) Venars.original/Shutterstock; **10:** (t) Ra3rn_/Deposit Photos; (b) Julia Kuznetsova/Shutterstock; **11:** Richard Newstead/Getty Images; **12:** CasarsaGuru/Getty Images; **13:** (t) PeopleImages/Getty Images; (b) Moshbidon/Shutterstock; **14:** Zoonar GmbH/Alamy; **15:** (t) Veniamin Kraskov/Shutterstock; (b) Maksym Kaharlyk/Shutterstock; **16:** Wavebreakmedia/Shutterstrock; **17:** Peter Cade/Getty Images; **18:** (tl) Hill Street Studios/Getty Images; (tr) Gilang Prihardono/Shutterstock; (mtl) Tetra Images/Getty Images; (mtr) AsonDoiy/Getty Images; (mbl) Ra3rn_/Deposit Photos; (mbr) Tim Robbins/Getty Images; (bl) Richard Newstead/Getty Images; (br)Veniamin Kraskov/Shutterstock; **Master Art:** Aarrows/Shutterstock.

© 2023, Vista Higher Learning, Inc.
500 Boylston Street, Suite 620
Boston, MA 02116-3736
www.vistahigherlearning.com
www.loqueleo.com/us

Dirección Creativa: José A. Blanco
Vicedirector Ejecutivo y Gerente General, K–12: Vincent Grosso
Desarrollo Editorial: Salwa Lacayo, Lisset López, Isabel C. Mendoza
Diseño: Ilana Aguirre, Radoslav Mateev, Gabriel Noreña, Verónica Suescún, Andrés Vanegas, Manuela Zapata
Coordinación del proyecto: Karys Acosta, Tiffany Kayes
Derechos: Jorgensen Fernandez, Annie Pickert Fuller, Kristine Janssens
Producción: Esteban Correa, Oscar Díez, Sebastián Díez, Andrés Escobar, Adriana Jaramillo, Daniel Lopera, Juliana Molina, Daniela Peláez, Jimena Pérez

¿Estás seguro en tu bicicleta?
ISBN: 978-1-54338-621-9

Todos los derechos reservados. Esta publicación no puede ser reproducida, ni en todo ni en parte, ni registrada en o transmitida por un sistema de recuperación de información, en ninguna forma ni por ningún medio, sea mecánico, fotoquímico, electrónico, magnético, electroóptico, por fotocopia o cualquier otro, sin el permiso previo, por escrito, de la editorial.

Printed in the United States of America

1 2 3 4 5 6 7 8 9 AP 28 27 26 25 24 23

Guided Reading
I

Este libro pertenece a la colección

Fácil de leer

Otros títulos de la misma colección:

40 tazones de sopa

¡A comer saludable!

Así crece una planta

¿Cómo se desplazan los animales?

Datos en el parque

¡Datos por todas partes!

El transporte en la ciudad

Empujar y jalar

En el mercado

Encuentra las figuras geométricas

Este es nuestro mundo

La luz hace el arcoíris

La seguridad al montar en bicicleta

Los símbolos de Estados Unidos

¡Mira el mapa!

Necesito zapatos nuevos

Seguridad meteorológica

Sombras

Ver, oír, oler y probar

VISTA

ISBN-13: 978-1-54338-621-9

90000

9 781543 386219

La seguridad al montar en bicicleta